Túnel del Amor

Túnel del Amor

Oliver Frances

Art Cover by The Little French eBooks

Published by The Little French eBooks

Copyright 2024 Marco Antonio Diaz

License Notes

Buscándote Continuamente

Todavía me recuerdo la mejor parte de mi vida y el significado de toda esta,

ahora lo que puedo ver es la sombra de un hombre

parado frente a una ventana llorando en la noche.

Comienza un nuevo día y veo caminar a la gente a su manera,

te busco en los ojos de alguien, pero es imposible no te encuentro.

Miro al cielo y solo veo las nubes que pasan por el frente,

me desespero y grito tu nombre,

pero no te acercas a mi porque no te encuentras

y al ver esto lloro de nuevo.

Cada noche que pasa se hace larga y el sueño me es difícil conciliar

debido a que estoy pensando en el día que vendrás,

a mitad de la madrugada me despierto por lo que me levanto

y al encontrarme tan solo lloro.

De nuevo miro al cielo y veo la luna que brilla sobre mí,

al ver esto me imagino en lo hermoso que sería si junto estuviéramos, pero al ver a mi alrededor veo que solo estoy y me desespera la soledad

por lo que me vuelvo a acostar para olvidar.

Ayer soné contigo que estabas conmigo,

observe lo hermosa que te encontrabas

y la felicidad que me hacías irradiar,

en mitad de sueno me desperté y vi a mi lado y no estabas;

por supuesto que todo era un sueño el cual termino y profundamente me hirió.

Ahora pienso en volverte a ver de nuevo

pero mientras no lo haga te seguiré extrañando

y estaré deseando que no haya nadie a tu lado y puedas amarme.

Hoy Aquí

¡Hoy no se acerque a mí!

No pierda tu tiempo conmigo ofreciéndome las más bellas flores

de su jardín, digno vendedor.

Porque hoy no tengo a quien llevar flores de su jardín

ya que por quien yo me acercaba usted para comprarle flores

y por quien usted me ofrecía las más bellas flores de su jardín,

se ha ido dejándome triste y solo vagando por este jardín.

A cada día que le llevaba flores veía la gracia que le producía la belleza y el

aroma de estas, pero ya no siento el aroma ni veo la gracia de las flores

debido a que no tengo a quien llevarle lo más bello de este jardín.

Ahora el jardín se hizo pequeño y el vendedor ya no ofrece lo más bello

porque no tengo a quien darle lo más digno y bello de ello.

Por eso le digo no pierda el tiempo conmigo

ofreciéndome lo más bellas flores de su jardín.

Si algún día la ve por ahí no le diga que ando triste y solo por aquí, dígale que no he venido más por aquí

y que a lo mejor me fui a otro jardín de donde llevo flores

a otro alguien a quien realmente le hace feliz.

Es mejor que le diga eso a que me vea triste y desilusionado en este jardín,

y llegue a sentir lastima por mí.

No se preocupe por esto que le dice ya que esto no la separa de mí,

porque si ella quiere venir a estar junto a mi

ella sabrá a donde ir y no vendrá a este jardín

debido a que este jardín no es de mí.

Me voy para regresar de dónde vengo y espero cuando venga de nuevo

este contento, porque tengo de nuevo a ese mismo alguien

a quien una vez yo le di las flores más bellas de este jardín.

¿Como Puedes Dormir Esta Noche?

7

Sabiendo como me siento te echas a la cama

y dejas reposar tu conciencia sobre la almohada,

parece que poco te importa lo que sienta

aunque no puedo creer que no piensas acerca de lo nuestro.

Poniendo de mi parte para intentarlo una vez mas

pero tu como siempre dejándolo todo para verme fracasar,

porque a cada intento que hago lo que obtengo de un fracaso

el cual nunca quieres evitar.

Porque es más fácil dejar de sentir a los demás,

que tu sentirte igual.

Las ilusiones que tuve están desveladas y aquellas que me pueden surgir
mueren al

nacer, porque siempre encuentro tu indiferencia,

Y cuando no la posees parece que te viene la sensatez

La cual dura muy poco y se convierta en un revés.

Es por eso, que no me explico como tu tranquilamente puedes dormir esta
noche.

¿Es que no tienes conciencia?

¡Y si la tienes!

¿En dónde la tienes?

Si un cambio de tu parte por un camino muy malo andarás

y por supuesto yo de él me tendré que alejar

Porque no quiero contigo fracasar,

pero espero que muy pronto cambies y podamos realizar

lo que un día juntos podremos lograr.

Uno

Que extraño uno puede sentirse cuando a nuestro lado permanece

una persona a quien uno no ama.

Que sensación puedo sentir más allá de la de imaginar

la presencia de ese alguien amado en la persona que me acompaña.

Perder la razón en medio del recuerdo de todas aquellas cosas

que me hicieron sentir e inclusive soñar sin querer,

es lo único que uno realmente puede hacer

hasta que inevitablemente uno trata de apartar de su mente todas esas

evocaciones, para así poder vivir la realidad

que a veces no se puede cambiar.

Esperanzado vive uno en que ese alguien a quien

uno ama, vuelva de nuevo pero esta vez se quede para siempre.

Mientras esto sucede algunos intentos es lo que se podrá realizar

hasta que uno no observe la señal estampada de los Dioses, que le indiquen

el momento preciso para que uno se encamine en la búsqueda nuevamente de ese ser amado.

Solamente los Dioses nos ayudaran a encontrar el camino.

Llama Eterna

11

Me levanto en un confuso sueño en donde atado a ti me encuentro.

Observo a mi alrededor y mi vista penetra por mi adentro

y veo algo que llevo por dentro

que se aviva cuando tú vienes a mi encuentro.

Ese algo que se aviva parece asemejarse a una llama

que de fuego no es simplemente,

sino de una luz que parece eterna y que me hace llenarme de ti simplemente.

Esa llama eterna que llevo por ti

es lo único que me hace llenarme de ti

aun cuando ti no te encuentres junto a mí.

Esta llama no se ha disipado

y no sé cómo extinguirla para no tenerte dentro de mi

ya que tu no estas junto a mí,

no obstante, cada día que pasa se acrecienta un poco más

y el olvido que todo destruye no ha podido sofocarla dentro de mí.

No pudiendo así apagarla me ha llenado a través de los años de ti

y ninguna experiencia la ha desvanecido ni la hecho arder

Otra diferente en mi adentro, por lo que me puesto a pensar

que cuando vuelvas a regresar la llama se volverá a avivar

y no se podrá apagar nunca jamás aun cuando tú no estás en tu lugar.

Despertándome de mi ambiguo sueño

paseo mi vista por mi alrededor rápidamente

Y percibo que las cosas siguen idénticamente;

pero ahora siento algo ardiente que llevo en mi por siempre.

El Hombre de Hojalata

13

Como si estuvieras hecha de hierro y metal

que no siente nada por los demás,

y que solo puede transmitir la indolencia

como único sentimiento de respuesta a los demás,

es así tu personalidad.

Trata intensamente de abrir tu mente

al igual que tus sentidos y corazón

para que así, puedas tener algún tipo de razón

que te haga vivir como los demás.

Levanta la mirada y fija tus ojos en el cielo

para que descubras lo oscuro que se encuentra,

debido a que las estrellas han perdido

lo único que poseían: su brillo.

Vuelve la mirada a tu alrededor para que observes

que todo lo producto de ello, es que aquella gente

en la que yo inevitablemente me encuentro solo quiere

lo que tú tienes y que tú puedes darle si quieres:

tu amor.

Antes de apartar tu mirada alrededor y cerrar tus ojos,

distingue entre todos a uno que se encuentra en ellos

y que soy yo que estoy en ellos

que solo desea de ti, al igual que todo ser humano

Lo que tu llevas dentro: amor.

Abre los ojos y halla la facilidad de las cosas

para que abandones el temor que tienes por ellas,

el cual no te permite distinguir todas las oportunidades

que la vida te ofrece y que con casa acción pierdes.

Con un nuevo cambio devolverá el colorido en el cielo,

el brillo de las estrellas y el estímulo a alguien de vivir.

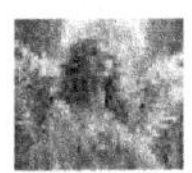

El Ángel

Yo no soy aquel bello ángel que ha caído del cielo,

el mismo que tu imaginas en tus sueños.

El cual aparecerá en tu vida cada vez que quieres

y desapareces cada vez que tu desees.

Ese ángel que se encuentra en el cielo,

que levanta el vuelo bordeando con sus alas las nubes dispersas,

es el mismo que tú siempre y equivocadamente intentas

concebir en una persona de carne y hueso.

No soy aquel ángel que puede satisfacer tus anhelos temporales,

porque no soy igual a aquel ser que tu engendraste

que solo vive en tu mente y que a tu encuentro baja de vez

en cuando muy de repente.

Yo no quiero ser el ángel a que la tempestad puede alcanzar

e inclusive puede hacer desaparecer por siempre,

sino la persona que a tu lado viva para siempre

y que pueda vivir contigo aquellos momentos que unan nuestro encuentro.

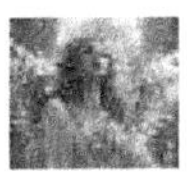

Como Al Principio

Como el viento que sopla inesperadamente

y como la tempestad que viene repentinamente,

volviste de nuevo. Como aquellos días de primavera

que se viven una vez en la vida, viniste intensamente.

Y eso que yo pensaba que de vueltas ya no estabas

te presentaste sorpresivamente.

Como dos sujetos extraviados recuperando los pasos perdidos

que al final del tiempo se encuentran, volvimos aquí para estar reunidos.

Como al principio, pero en medio del relato

nos juntamos sin desordenarnos.

Pasando por encima de todo, aunque no de todo

estamos aquí en cualquier lugar de la vida,

amándonos como si fuera el primer día

que nos encontramos en nuestras vidas.

Como un regalo de Dios los dos aquí estamos

sin preguntarnos nada y sin explicarnos nada,

viviremos situaciones nuevas llenas de alegría y vida.

Otra Vez

Te vuelvo a perder otra vez para de nuevo tenerte que esperar...

Otra vez.

Otra vez vuelvo a caminar en medio del silencio que dejaste,

después de que inevitablemente te marchaste.

El ansia de tenerte de nuevo ineludiblemente me devora por dentro

y me lleva a la desesperación, lo cual lo llevo a mi adentro

y trato de sacar a cada momento.

Otra vez tengo que andar en medio del sueño,

en donde concebiré la idea que te tengo de nuevo

y no te perderé otra vez de nuevo.

Otra vez levanto la mirada al cielo y ruego por un futuro bueno,

que siempre pienso que no lo tengo ya que la energía y el aliento los he perdido en todos estos acontecimientos

que irrevocablemente no he podido evitar,

pero que espero que pueda superar

Otra vez me encuentro de nuevo...

Aventura

21

A cada mañana que empieza el sol se levanta en el horizonte,

y como el día de hoy que comienza nace una nueva aventura

en la existencia de mi vida,

que será la que por siempre desee que llenara mi realidad.

Sera el suceso que espero que me devuelva de nuevo

la vitalidad y esperanza que antes había en mi vida.

Es la nueva experiencia que se cierre sobre los amargos recuerdos,

que el caminar por la vida me ha dejado dentro.

De su vivencia esperare que ese llena de gratos momentos

y me deje en mi vida dulces recuerdos.

En cada encuentro con ella la viviré intensamente,

como si fuera el último día de mi existencia.

No interpondré dificultades en ella, sino viviré cada minuto sin pensar

en el próximo que venga y sentiré placer en ella.

Mar Abierto

En un día de verano de esos que vienen y jamás vuelven,

con rumbo incierto y en un mar abierto,

llegaste a mí.

Como náufragos en un mar inmenso compartimos nuestros sentimientos

hasta llegar a la playa de nuestros sueños.

Quisimos ser esos piratas que navegas en el mar,

pero queríamos que fuera uno de felicidad hasta llegar

a encontrar nuestro lugar.

Todos esos días que juntos compartimos en ese mar de soledad

nos hizo hallar en cierta manera la felicidad.

Como náufragos en una playa desierta llegamos uno al otro para embarcarnos

en un buque de aventura y perdernos en un océano de felicidad.

Aunque la lejanía nos separe a nosotros nos guardaremos nuestros recuerdos en una nave del olvido, porque no hay nada que olvidar

sino más bien hay algo que recordar

en todo este mar inmenso que se nos pierde por dentro.

Ahora que sabemos el puerto en que queremos anclar,

seguiremos cada uno su rumbo como buenos navegantes

hasta el lugar en donde queremos varar

Dicen

25

Dicen que estoy loco, pero no del todo.

Dicen que te extraño, pero yo no sé si lo hago

o solo tengo ansias de ti

La otra vez me vieron caminar y dijeron que lo hacía porque te buscaba;

pero algunas veces camino y no te busco.

Dicen que no puedo vivir sin ti;

pero es una gran mentira ya que me ves viviendo sin ti.

En ocasiones te recuerdo, pero no me he muerto.

Dicen que ando solo en la vida porque no encuentro sustituta

y eso en verdad es realmente cierto;

pero si no lo hago es porque todavía te quiero.

A lo mejor algún día la encontrare

pero si no la encuentro solo me quedare.

Dicen los amigos muchas cosas de mí,

pero no he oído la primera que digan de ti,

será que tú los tienes tan complacidos que no hablan de ti,

es por eso que siempre se dedican a decir cosas de mí,

pero yo no les hago caso porque será que soy tan bello

que ellos como feos son envidiosos que se retuercen,

y no tienen nada que hacer más que decir cosas de mí.

Yo no me explico que tu tan bella como eres andas con ellos

que son realmente unos pequeños.

Ahora te digo que cuando se te quite la bendita manía que tienes

de creerte una princesa que todo se le merece,

me buscas que yo te estaré esperando a la vuelta de la esquina

sentado aguardando tu venida.

Otro Nuevo Despertar

Recorriendo la vida como un cuento de hadas

en un ambiente de placeres y fiestas

todo adornado por música de bellas sirenas,

yo me hallado en mi vida,

Me he hallado perdido en medio de la inmensidad

que conforma la verdadera realidad.

Me he desviado del camino a cambio de nada que llevo por dentro,

pero he vuelto al reencuentro del camino que va a mi adentro.

El viaje de regreso ha terminado con el dulce sueño,

que ha acabado con una falsedad que se encontraba ente la realidad.

Ha sido difícil despertar porque me he encontrado con una verdad

que no esperaba como tal, pero ahora no importa como pensé en la irrealidad

sino como podré pasar por este largo camino que tendré que andar.

He apoyado en mi mente en la inevitable huella que no es precisamente

la del presente, sino la del pasado que inminentemente

viene a cada rato a mi mente y que se ha traducido en la pérdida de una esperanza por los menos aparente.

La percepción del mañana se ha ido y tan solo ha quedado aquello

que me hace perder en el camino, que no es otra cosa más que un sentimiento

confuso que muchas veces he apartado y que a veces llevo por dentro.

He vuelto a despertar y la lluvia con su caer

ha humedecido el ambiente, pero sus gotas de agua no han enjuagado mi alma

sino han dejado en ella una huella profunda y de gran soledad

que espero que pase con otro nuevo despertar.

Vuelves A Mi

Entre sabanas mojadas, noches ambiguas

y como solitarias pase el tiempo hasta que tú regresaras.

En la oscuridad de nuestro amor viví el tiempo

en que tu no estuviste aquí, y hasta que tu no volviste a mi

no pude ver la claridad en mi andar.

No perdí en noches ambiguas impregnadas de pasión

con quienes no sentí obsesión;

que es la misma que sin poder evitar siento por ti

y no puedo apartar de mí.

Entre aventuras viví y totalmente errores que cometí,

pero todo se desvaneció y lo mejor de mi renació

cuando nos encontramos de nuevo.

¡Tú no sabes lo que es vivir!

Pero vivir perdido en la oscuridad y tratar de buscar la claridad

en medio de las sombras que vives y que trata de desvanecer en el andar.

El día menos pensado te volví a tener de nuevo,

y esta vez fue definitivo tu regreso.

Y yo que pensaba que nunca vendrías...

Cada Vez Que Te Vas

31

Los días que han pasado han dejado en mí una huella profunda,

la cual creo que no puedo cicatrizar ya que es la misma que vuelve a brotar,

cada vez que tú te vas.

A cada vez que tú te vas,

siempre te llevas de mí una parte de mis sentimientos

que no puedo recuperar sino con el pasar del tiempo,

para volverla a perder cada vez que tú vienes y te vas.

A cada día que vivo sin ti pienso que no volverá jamás

y si vienes en última instancia me imagino en la situación de rechazarte

pero es imposible aun cuando no quiera aceptarte,

porque tú tienes todo lo que no tienen las demás.

¿Pero que tendrás mujer que hechizado me tienes?

Cual hechizo resistir no puedo

que inevitablemente me hace caer de nuevo ante ti?

Cuando estas no quiero que te vayas, pero siempre te marchas,

aunque por muy poco tiempo siembre acostumbras

partir, y, es eso lo que soportar no puedo.

Cada vez que tú te vas,

siempre se va algo de mí, aunque no me quede nada de ti.

Cada Nuevo Amanecer

El nuevo amanecer de cada día no ha podido borrar de mi mente

tu recuerdo que sigue permaneciendo en mi insistentemente.

A cada nuevo amanecer la esperanza se aviva

y quizás en este nuevo amanecer mi desesperación también reviva

La Luz del nuevo amanecer ilumina con sus intensos reflejos

mi habitación llena de esparcidos e inmensos recuerdos.

El sol que se percibe en medio del horizonte

aviva en mi la más pequeña y remota esperanza

que es la misma que se desvanecerá en la puesta del sol al atardecer,

y dará lugar súbitamente a la desesperanza

que acecha en las noches que no son de danza.

Nuevamente me enfrentaré a un nuevo amanecer,

que no es otra cosa para mí que la llegada y partida

de la más mínima esperanza que puede haber dentro de mí.

Y asimismo la soledad es la que perturbará en las noches mi hogar,

y la que se desaparecerá en la llegada de un nuevo alborear.

El Viento Sopla

Del lugar en donde has estado me he tenido que alejar,

en donde tu huella ha quedado me he tenido que apartar,

y en medio de tu rastro me he tenido que marchar.

Me he marchado a algún lugar en donde esperare el tiempo pasar.

El tiempo pasa,

pasa el tiempo.

He percibido sucesos extraños y ha pasado el tiempo,

pero nada ha cambiado.

A tu lugar he vuelto, pero como siempre

todo ha seguido invariable en el tiempo,

por lo que he regresado con una idea en el pensamiento

de que todo simplemente ha sido: un soplar del viento.

Lejos me he encontrado y de donde estas me has llamado

por lo que a tu lugar he vuelto,

pero como siempre todo ha seguido invariable en el tiempo,

por lo que he regresado con la misma idea en el pensamiento

de que todo simplemente ha sido: un soplar del viento.

Me he mantenido alrededor del lugar

dando vueltas sin parar,

pero como siempre todo ha seguido invariable en el tiempo,

por lo que he regresado de una vez diciendo

de que simplemente todo ha sido: un soplar en el viento.

¿Cómo?

37

¿Cómo llegar a la luz que quiero?

Si entre las sombras vivo y en la oscuridad perdido me encuentro

¿Cómo me llegar a donde quiero?

Si las metas que deseo en el camino creo que no las poseo.

¿Cómo volver amar?

Si mi corazón confuso se encuentra y destrozado alberga

los éxitos y fracasos que he tenido en el recorrido del camino,

que no es otro que la vida misma.

¿Cómo comprender la palabra Divina?

Si entre sueños e ilusiones vivo la vida

y ante la realidad bajo la mirada,

la cual quiero distorsionar con ideas

que de una u otra forma me acercan y alejan de la palabra de Dios.

¿Cómo mirar al nuevo día?

Si sé que las horas al pasar dejaran una gran soledad,

que junto al vacío se tornara en una inmensa eternidad.

¿Cómo enfrentar el mañana?

Si abatido me encuentro.

¿Como?

Manifesto

Tengo mil metas, pero no mil caminos.

busco un camino por medio del cual puedo llegar

y donde realmente quiero estar.

La búsqueda es incesante y los intentos muy persistentes

para poder abrir la ventana de las realizaciones.

Poseo mil metas y no sé por cual camino andar,

para que así pueda alcanzar todo lo que quiero realizar.

Entre mil metas hay una entre las cuales tú te encuentras,

y no sé qué puedo hacer para poder llegar a ti.

De las mil metas que tengo en mente

hay una que me da una inmensa felicidad,

que no te puedo describir, aunque tú la puedes palpar.

Y esa meta que alegría me da y que de placer me llena,

es la meta de tenerte.

Mil caminos están cerrados, pero solo uno de ellos parece cerrado

y es el único que se encuentra abierto,

Y que por medio de él que es muy estrecho andaré para conquistarte

todo aquello que me he trazado.

Dios

Yo que lo más importante de mi vida te lo había pedido

pensaba que escuchado no había sido,

tal vez pensaba así porque me hallaba

esperando impacientemente lo que tanto deseaba.

Viviendo sin luz andaba,

en la oscuridad me encontraba

y caminaba sin rumbo estaba.

Y no por falta de palabra perdido me hallaba,

sino por la carencia de algún buen pensamiento

que desarrollara mis sentidos y abriera mi mente

para todos los sucesos que vinieran a mí de repente.

No obstante, tu Dios has ignorado todo esto

y me has sacado milagrosamente de todo ello

por lo que agradecido estoy a ti eternamente.